Zum Geburtstag und 4.9.1981 überhaupt …

Christiane

# Fünf Orte im Leben von Max Frisch gesehen von Fernand Rausser

Suhrkamp Verlag

Gesamtherstellung in den grafischen Betrieben
des Walter-Verlags, Olten
Printed in Switzerland

Landschaft als Heimat... Da kenne ich Flurnamen, die nicht angeschrieben sind, oder wenn ich sie nach Jahrzehnten vergessen habe, so erinnere ich mich, sie gekannt zu haben. Heimat hat mit Erinnerung zu tun; nicht mit Erinnerung an ein einmaliges Ereignis – Akro-Korinth, wenn die Sonne aufgeht, ist nicht Heimat geworden oder in Mexiko der Monte Alban – Heimat entsteht aus einer Fülle von Erinnerungen, die kaum noch datierbar sind. Fast meint man: diese Landschaft kennt dich (mehr als du es vielleicht willst), diese Kiesgrube, dieser Holzweg... In diesem Sinn, Landschaft als Scenerie gelebter Jahre, wäre allerdings vieles zu nennen, nicht Zürich allein: auch eine Düne an der Nordsee, einige römische Gassen, ein verrotteter Pier am Hudson –

Hat man eine Heimat nur, wenn man sie liebt? Ich frage. Und wenn sie uns nicht liebt, hat man dann keine Heimat?

Außer Zweifel steht das Bedürfnis nach Heimat, und obschon ich nicht ohne weiteres definieren kann, was ich als Heimat empfinde, so darf ich ohne Zögern sagen: Ich habe eine Heimat, ich bin nicht heimatlos, ich bin froh, Heimat zu haben – aber kann ich sagen, es sei die Schweiz?

Ist Heimat der Bezirk, wo wir als Kind und als Schüler die ersten Erfahrungen machen mit der Umwelt, der natürlichen und der gesellschaftlichen; ist Heimat infolgedessen der Bezirk, wo wir durch unbewußte Anpassung (oft bis zum Selbstverlust in frühen Jahren) zur Illusion gelangen, hier sei die Welt nicht fremd, so ist Heimat ein Problem der Identität, d.h. ein Dilemma zwischen Fremdheit im Bezirk, dem wir zugeboren sind, und Selbstentfremdung durch Anpassung.

Warum reisen wir?

[1]

Zürich

Olivia
Niagara

MARKOFF
BANK OF AMERICA
Madame
לאומי
ristorante
CANTINA
Schweins
LOTUS
English Books
Lädeli
LE
PETIT
PARIS
Jenzer
BÖRSE
Chāmi
CHELSEA
GALLERY
Marroni
100 gr 1,40
200 gr 2,80

Noldi's
MANHATTAN
RESTAURANT
Zypressen-Str
RESTAURANT
JUWELEN
Kalbs-
kopf
500gr. 5.-
ädli
eiss oder
kalt
5.80
vatkredit
mmer m
mere co
ambres
ooms wi
für alli
wo Züri gern händ
DINERS
CLUB
AMERICAN EXPRESS
Travelers Cheques
SWISS
CHEQUE
AMERICAN
EXPRESS
Cards
Welcome
SWISS BANKERS
TRAVELLERS
CHEQUES
BANKAMERICARD
VISA
Côte
d'Or Grill
BANK
Embassy AG
les
MUSICLAND
WÜRSTLI-GRILL

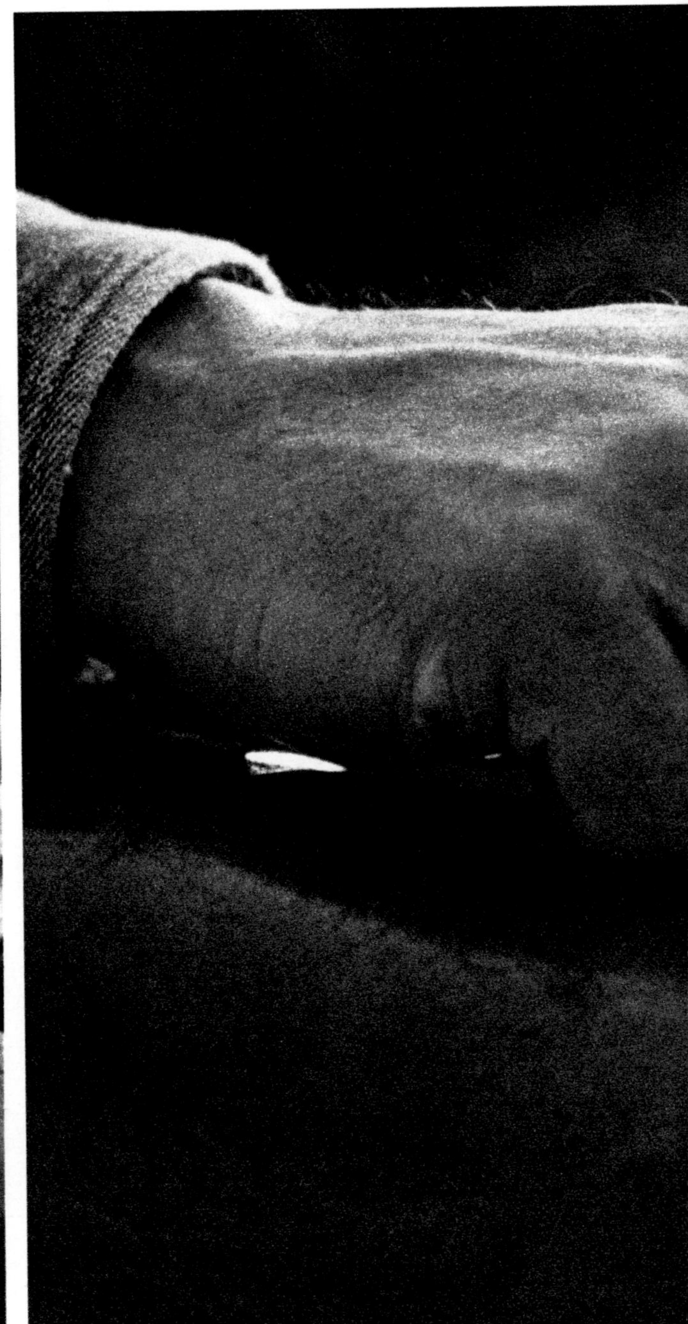

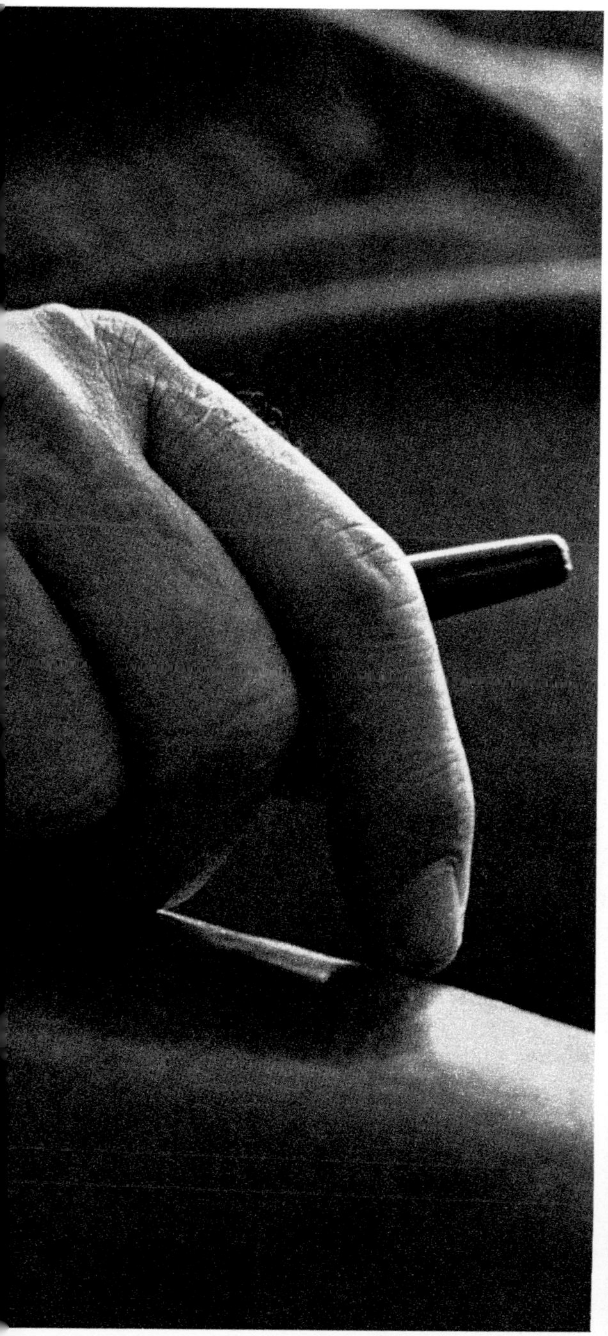

Walter Benjamin
Gesammelte Schriften
Band I·3
Abhandlungen
Walter Benjamin
Deutsche Menschen
Jean Orieux
Das Leben des
VOLTAIRE
Zweiter Band
Insel Verlag
Horváth
Hugo Loetscher
Wunder welt
Eine brasilianische Begegnung
Luchterhand
Die explodierende Metropole
New York

KUONI
544

Zürich könnte ein reizendes Städtchen sein. Es liegt am unteren Ende eines lieblichen Sees, dessen hügelige Ufer nicht von Fabriken, jedoch von Villen verschandelt sind, und da wir gestern auf unserem Bummel so freundliches Wetter hatten, September-Bläue mit leichtem Silberdunst, war ich wirklich entzückt; nicht bloß Frau Julika zuliebe, deren großherzige Kaution allwöchentlich einen solchen Ausflug ermöglichen soll, vorausgesetzt freilich, daß ich immer pünktlich in mein Gefängnis zurückkehre... Vor allem entzückt mich die Lage ihres Städtchens, das auf beiden Seiten von gelassenen Hügeln umarmt wird, von natürlichen Wäldern, die zu ländlichen Wanderungen locken, und in der Mitte glitzert ein grünes Flüßchen, das die Richtung nach den großen Ozeanen verrät (wie allerdings jedes Gewässer) und daher stets etwas Lebendiges erweckt, Sehnsucht nach Welt, nach Küsten... Die Alpen sind zum Glück nicht so nahe wie auf den Ansichtskarten; in geziemender Ferne krönen sie das Gewoge der Vorberge, ein Gischt aus weißem Firn und bläulichen Gewölken. Vielleicht hat mir

Julika nicht die wirklichen Viertel gezeigt; in der Erinnerung fällt mir auf, daß wir keinen einzigen Bettler getroffen haben, auch keine Krüppel. Die Leute sind zwar nicht mit Eleganz, jedoch mit Qualität gekleidet, so daß man nie Mitleid haben muß, und die Straßen sind sauber von Morgen bis Abend. Unbehelligt von Bettlern, wie gesagt, und unbehelligt von besonderen Baudenkmälern, die uns aus dem Gespräch reißen würden, schlendern wir fast eine Stunde lang. Die Art und Weise, wie sie den modernen Verkehr zu regeln versuchen, ist für einen Fremden nicht ohne weiteres zu verstehen; dabei geben sich die Gendarmen die größte Mühe und wirken sehr ernst, und vor allem geht es ihnen um die Gerechtigkeit, scheint es, weniger um den Verkehr; an jeder Straßenkreuzung fühlt man sich einer Art moralischer Erziehung unterworfen. Je näher man wieder zum See kommt, wo die Fremden gewissermaßen ihre eigene Atmosphäre schaffen, die sie dann für die Atmosphäre von Zürich halten, umso weniger fällt es auf, wenn man fröhlich ist und auf offener Straße etwa lacht...

[2]

# Rom

FAR

AFFARI
COLOSSALI !!

da NINO ER BAFFO
VASTO ASSORTIMENTO
AUTO RADIO BOX 103
da NINO ER BAFFO
ASSORTIMENTO
AUTORADIO

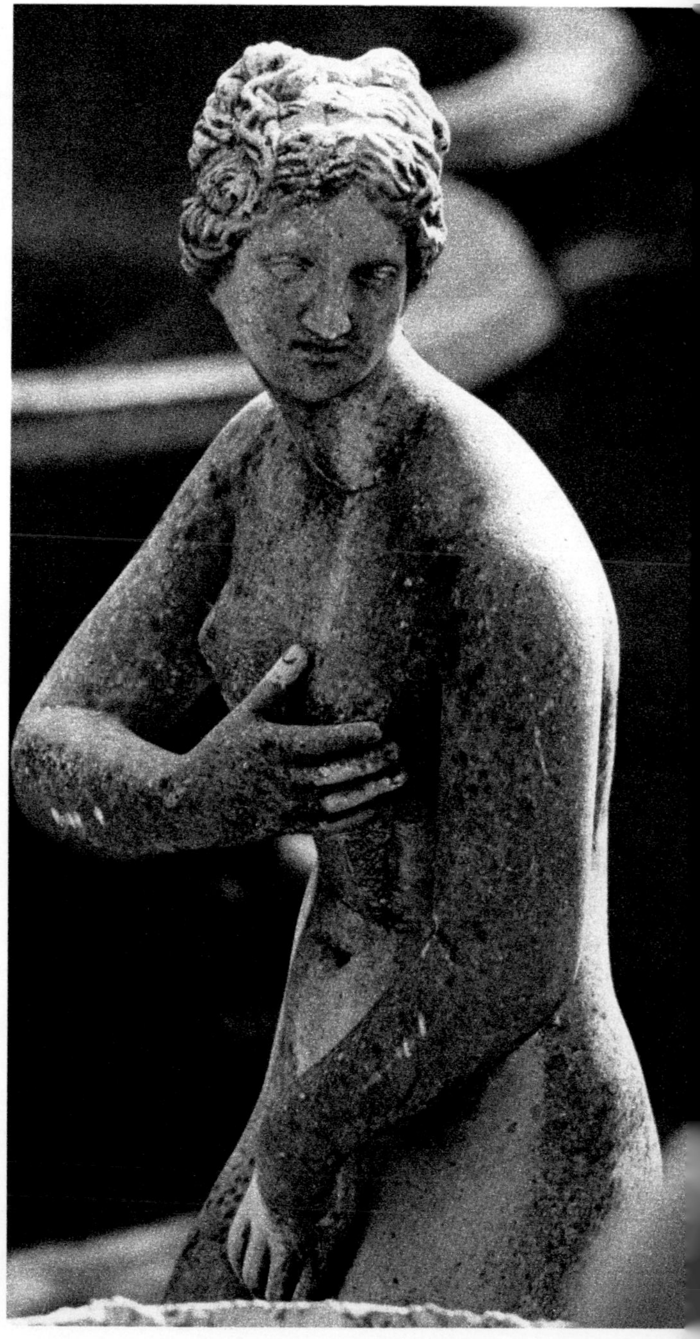

stereoplay
fotografare
album
PLAYBOY
MOTOCICLISMO
LE SCIENZE
Duepiù
Panorama
Antiquariato
CRONACA
men
super men
PORNO REVUE
fotografare
SPIRALI
GIORNALE INTERNAZIONALE DI CULTURA
n.9
LA RELIGIONE
QUATTRORUOTE
Panorama
Duepiù
la Repubblica
PAESE SERA
enigmistica
ABITARE
...e la luce fu.
Ogni settimana

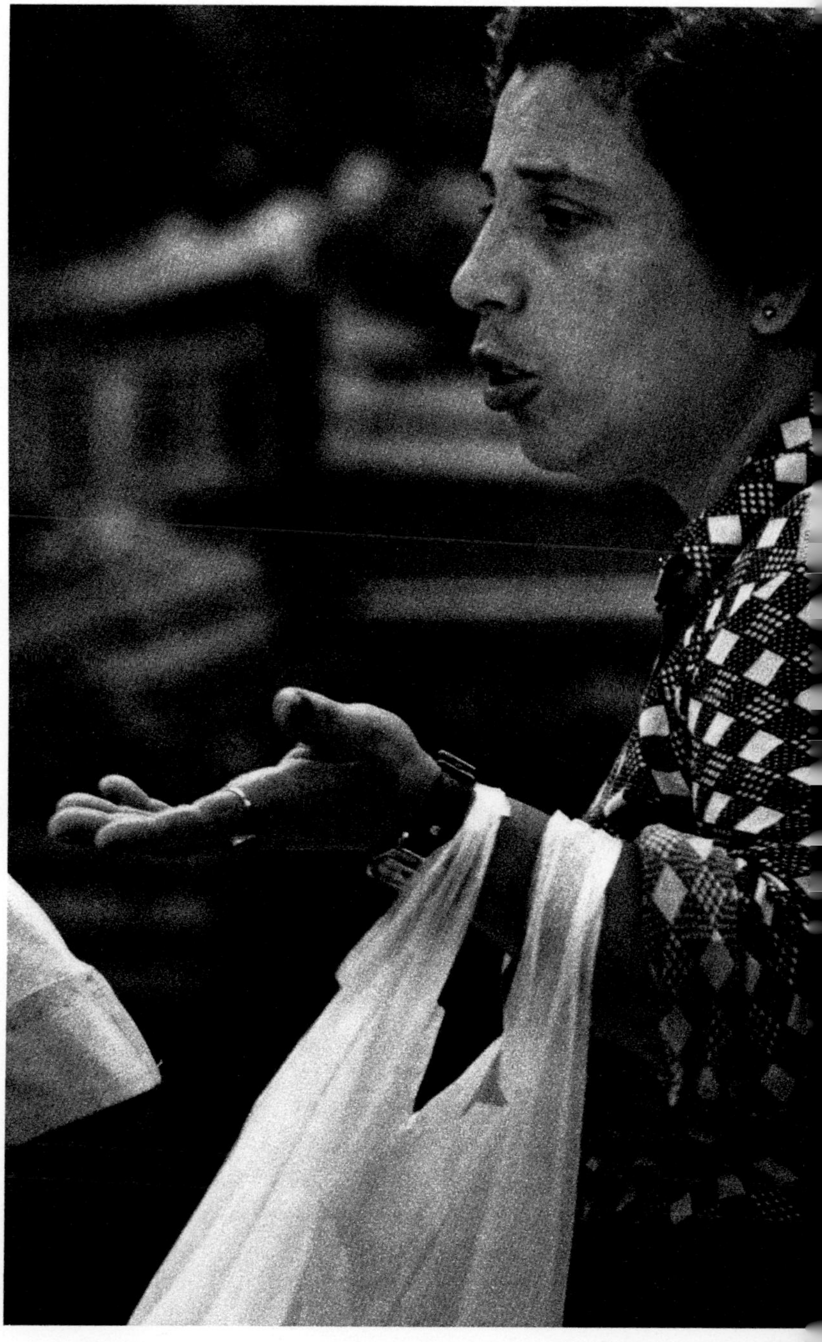

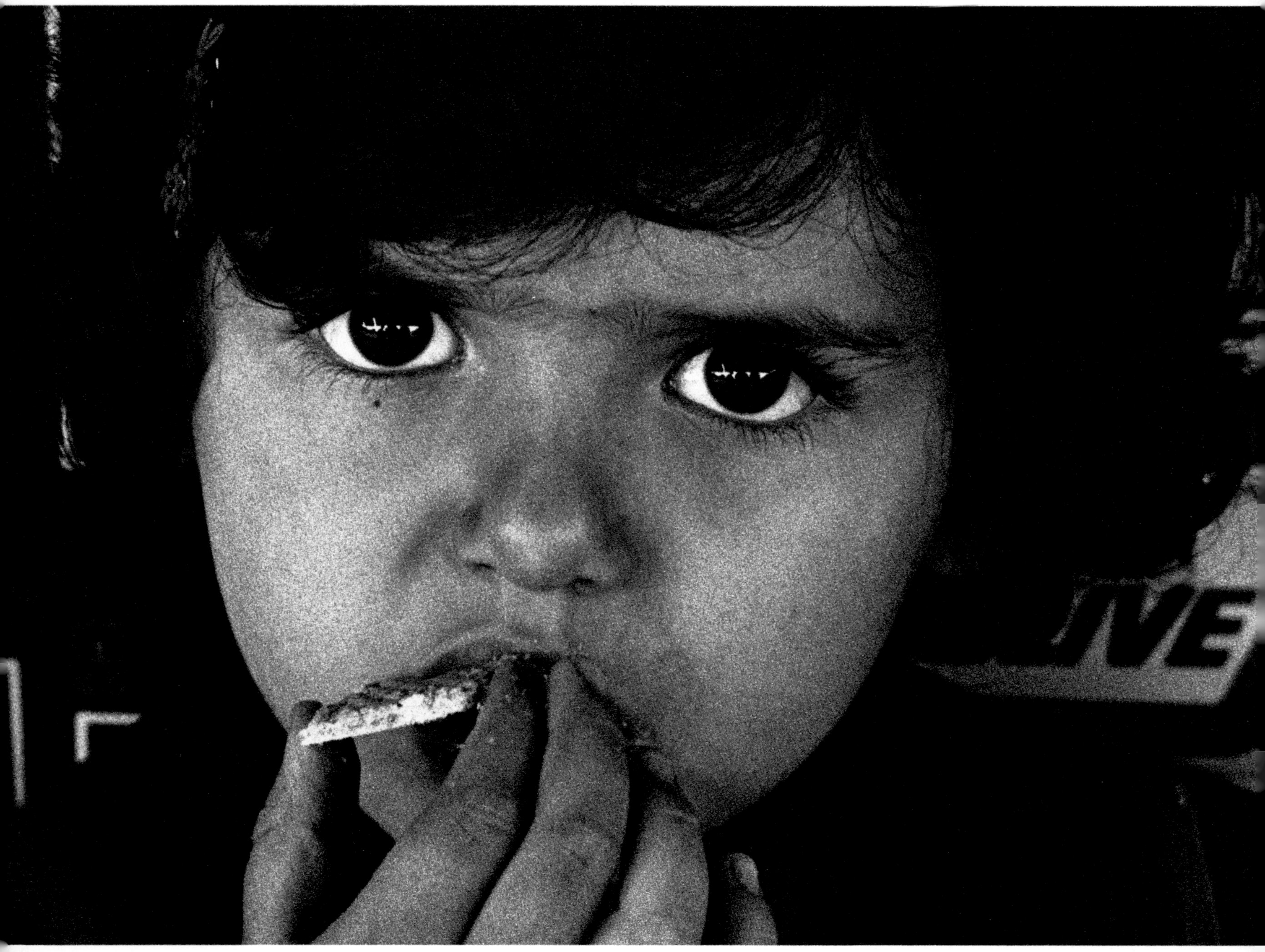

FARMACIA

CAPO DE FERO

ARTE MODERNA

HONDA
MI·54
0361

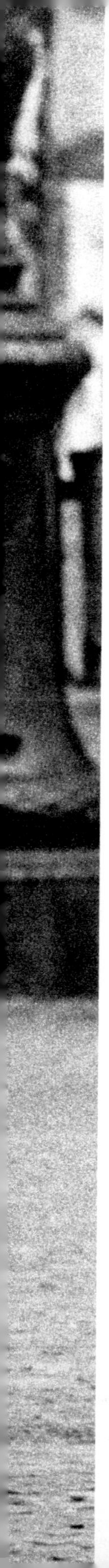

DENTIS
F

FLORIO
Buton

T
TABACCHI

Aldo
Coiffeur
Pratesi
BIBITE

TRATTORIA

MACELLERIA

Rom, Juni 1968. Der Mann am Kiosk, PIAZZA DI SPAGNA, kennt einen nicht mehr. Der Kellner sofort: Come sta? Die verrotzte alte Bettlerin mit Zigarette im Mund ist noch immer da. VIA GIULIA. Wie bei jedem Wiedersehen mit einem früheren Wohnsitz: man wird sich unglaublich. In der VIA CORONARI polstern und polieren sie immer noch Antiquitäten, Settecento-Sessel, Truhen aus den Abruzzen, Tische aus der Toscana. VIA MARGUTTA: jetzt mit beat-shops. VIA DELLA CROCE, die sich nicht verändert hat: Obst, Eier, Gemüse, Weine, Pasta, Blumen. Ein römischer Freund hat immer noch seinen Uhu. Ein andrer, Sizilianer, ist immer noch Professor. SPERLONGA: es ist ja nicht zu erwarten, daß das Meer sich verändert hat; trotzdem eine leichte Verblüffung, daß es sich tatsächlich nicht verändert hat. Die gleichen Wellen. Wir setzen uns auf die gleichen Sessel, wir essen den selben Fisch: Dentice al forno. CERVETERI: die Etrusker sind noch genauso tot. PIAZZA VENETIA: nur die Polizisten werden jünger, der Verkehr noch toller. GIANICOLO, Blick auf die Stadt: man bleibt überall zu lange…

[3]

# Berlin

EMENS...elektrotec
BLAUP
AUTORADIO

Frische Oldenburger
22
Frische

FRISCH

Gleis
2

Rechts gehen.
Durchgang verboten

V·A·G

3,50m
Gesperrt
DD-Bus

Bestattungs-Institut
Paul Jupe
PENSION KREUZBERG

Ausner's
Restaurant
Schultheiss
Berliner
Weiße
Kümmel
Rum
Export
Bier
Cognac
Liqueur
Schultheiss Bie

10
STOP
ZOLL
DOUANE
ZOLL
DOUANE

Berlin als belagerte Stadt... Blockade, um die Westmächte auszutreiben – mit dem Hunger der Berliner.

Abends in Gesellschaft.

Das Berlinische, das man bei uns so gerne verpönt, ich mag es sehr – vor allem das Unsentimentale, ihren Witz, der meistens darin besteht, daß man die Dinge wieder einmal beim Namen nennt, das Antipathos, besonders willkommen innerhalb des Deutschen, hier wird das Gemüt nicht aufs Brot gestrichen, Witz als der keuschere Ausdruck der Gefühle, das Freche ohne Rankünе, das Nüchterne – in Zeiten wie jetzt, wo jede Pose auf die Probe gestellt wird, sind sie bewundernswert, nämlich unverändert: unsentimental, konkret, aktiv...

(April 1948

[4]

Heimat? Wo dieser Begriff sich verschärft: in Berlin, wenn ich Woche um Woche die Mauer sehe (von beiden Seiten); ihr Zickzack durch die Stadt, Stacheldraht und Beton, darauf das Zementrohr, dessen Rundung einem Flüchtling keinen Griff bietet; Spitzensportler haben getestet, daß diese Grenze kaum zu überwinden ist, selbst wenn nicht geschossen würde; die Wachttürme und Scheinwerferlicht auf Sand, wo jeder verbotene Tritt zu sehen ist, Wachthunde – hüben und drüben dasselbe Wetter und fast noch die gleiche Sprache: die verbliebene Heimat, die schwierige Heimat und die andere, die keine mehr wird.

(Januar 1974)

[5]

# Tessin

Kommt man nach Jahren etwa von Rom, so ist der Tessin vergleichsweise helvetisch, um die Seen herum sogar in einem erschreckenden Grad; wenn die Einheimischen sagen: IL NOSTRO PAESE! so bin ich gerührt, sofern sie damit nicht die verkauften Hänge meinen, sondern die Schweiz: die gleichen Bundesbahnmützen und die gleiche Wehrsteuer: IL NOSTRO PAESE! wobei man in diesen Tälern der schwindenden Italianità natürlich den Unterschied zwischen Deutschschweizern und Deutschen kennt, nur überzeugt er die Einheimischen nicht ganz, und ich selber, wohnhaft im Tessin, würde nie sagen, der Tessin sei meine Heimat, obschon ich mich dort wohlfühle.

[6]

Granit und Gneis, den ich damals auch für Granit gehalten habe, und viel Farnkraut, im Winter vergilbt; die grünen oder braunen Igel der Kastanien, Laub der Kastanien auf dem Boden, überall die kleinen Mauern am Hang, Granit-Stelen mit Reben, die grauen Dächer aus Granit, viel Fels, der bei Regen schwärzlich und streifenweise violett erscheint, Bäche, die Birken vor einem Mittelmeerhimmel usw.... Ich setzte mich auf den First einer Kapelle, das Scherenfernrohr vor mir, um die Winkel zu messen, und zeichnete, was ein Batterie-Kommandant von diesem Punkt aus sehen könnte, Stunden ohne Waffenrock, und man sieht mehr von einer Gegend, wenn man sie zeichnet... Fünfundzwanzig Jahre später kaufte ich in dieser Gegend ein altes Haus, Dach aus Granit – so sehr muß diese Gegend mir gefallen haben.

[7]

Einmal im Flugzeug meinte ich, daß ich das Haus erkenne: ein graues Klötzchen in einem Nebental. Es tat mir leid; es steht oft ohne Bewohner. Dann bewahrt es unsere Bücher, die zivilen Dokumente, Briefe, Notizen, das Geschirr, auch Wein. Kommt man eines Tages wieder, so schaut es sehr sachlich. Alles noch da. Es erzählt nichts. Vermutlich hat ab und zu das Telefon geklingelt. Es ist nicht eingestürzt, nur eine Stunde lang unglaubwürdig: Hier also hausen wir?

[8]

# New York

L.V.R.R.
9
THINK
SAFETY
FIRST
END

FILMS
CAMERAS
STEREOS
TAPE RECORDERS
Calculators
Shavers
RADIOS
Novelties
Electrical APPLIANCES
LAMPS
Glassware
FILM LAB
FILM LABORATORY
7-HOUR
FILM
DEVELOPING

National Bank
f North America

LEGIONAIR
DISEA
SCHIZO
The EGOS
U.S. $TEAL
BAND.

RIGHT
COME
PREMIES
ARE DUMB
DRUMS AND
SNAKES OF SPAIN
JAH LIVES!
CHICAGO
CASTRACION
RAMONES
WOMEN

DAILY NEWS
SHAH TO
U.S.

GENERAL PHILIP HENRY
SHERIDAN

PIZZA

Taste
Lights

Winston
Lights

BOSS
BOSS
WALK
GIFTS

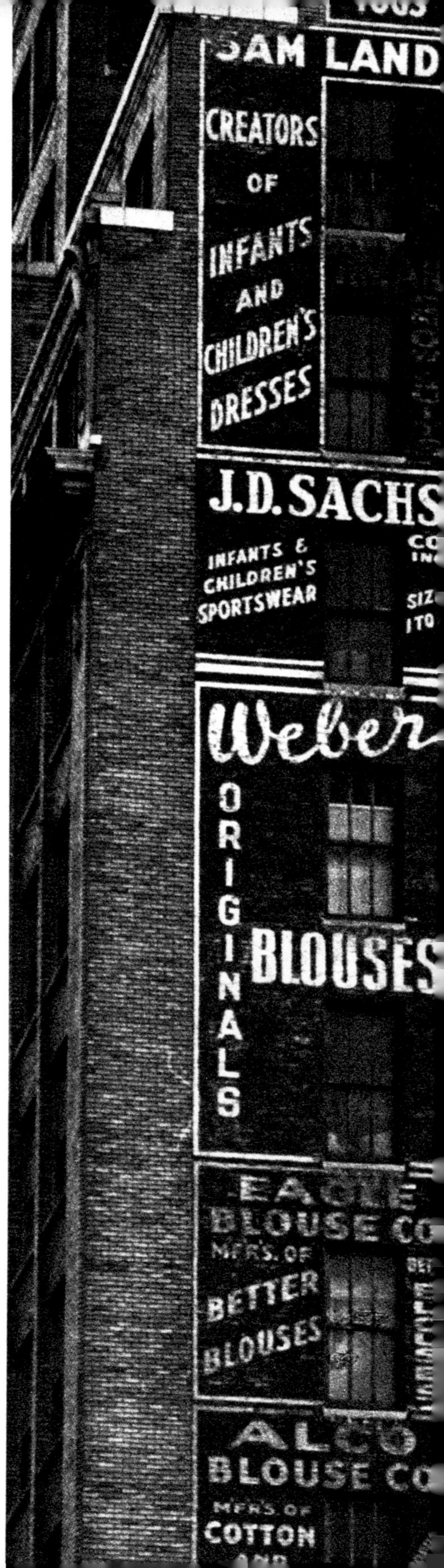
SAM LAND
CREATORS OF INFANTS AND CHILDREN'S DRESSES
J.D.SACHS
INFANTS & CHILDREN'S SPORTSWEAR
Weber
ORIGINALS
BLOUSES
EAGLE
BLOUSE CO
MFRS. OF
BETTER BLOUSES
BLOUSE CO
MFRS. OF
COTTON

CO. INC.

CHEEP!
CHEEP!
CHEEP!
CHEEP!
CHEEP
!!!
LEGAL PROBLEM ?
DIAL THE WORD
LAWYERS
529-9377
FREE ADVICE
DAVIS & SMITH
24 Hours
GET CHE
COME TO
MAN'S
UNTRY
IT'S NOT FOR THE BIRDS
harvey's
hairshops
ONE WAY
PILLOW FURNITURE
FABRICS · PLATFORM BEDS · CHAIRS · TABLES · FOAM CUT TO SIZE
VILLAGE CIGARS
VILLAGE CIGARS
110 7 AVE SO
TACO RICO
SNOW
PIPES
UMBRELLAS
PAPER BACK BOOKS
TOYS
LUGGAGE
INTERBORO

DONT
WALK

Man erwacht, geht auf die Straße und überlebt. Das macht fröhlich, fast übermütig. Es braucht nichts Besonderes vorzufallen; es genügt die Tatsache, daß man überlebt von Alltag zu Alltag. Irgendwo wird gemordet, und wir stehen in einer Galerie, begeistert oder nicht, aber gegenwärtig, und es ist nicht gelogen, wenn ich antworte:
THANK YOU I AM FINE.
Wanderung nach der Tagesarbeit durch das Dickicht der Städte, «von denen bleiben wird, der durch sie hindurchging: der Wind – », er fegt und wirbelt den Kehricht durch die Straßen, die aussehen wie nach einer Schlacht. Rost und Vergammelung, Häuser als Unrat. Anderswo sprießen neue Hochhäuser, nicht weit von hier. Trotz der Öde in diesen Straßen hat man keine Angst; ab und zu eine Limousine. Die Angst wohnt dort, wo auf Spannteppich der Türhüter steht mit weißen Handschuhen. Hier keine Verkehrsampeln, man kann wirklich wandern. Ein blauer Abend; Flugzeuge ziehen ihren braunen Schleier von Düsen-Gift über Manhattan. Hier ist nicht einmal Slum; Ruinen am Rand der Verzinsung, es lohnt sich der Abbruch nicht; das Kapital verzinst sich zurzeit anderswo. Hier ist nur Boden, Eigentum an Boden, den die Natur sich

zurückholt mit Unkraut. Lagerschuppen von einst, sie sind längst eingestürzt, teils ausgebrannt. Nicht einmal Hunde machen sich hier noch eine Hoffnung. Eine Hochstraße; daran sieht man, daß man in der Weltstadt ist und nicht am Ende der Zeit. Ich weiß nicht, was es ist: alles zusammen macht mich fröhlich, wenn ich hier wandere. Wir kommen ans glitzernde Wasser, aber aus der Nähe ist es eine schwärzliche Kloake, Kähne mit Bagger gegen die Verschlammung; Namen erinnern noch an die Holländer, die einmal hier gelandet sind; die Mole ist verfault, Sonnenuntergang hinter braunem Rauch. (1971)

[9]

Unsere Sehnsucht nach Welt, unser Verlangen nach den großen und flachen Horizonten, nach Masten und Molen, nach Gras auf den Dünen, nach spiegelnden Grachten, nach Wolken über dem offenen Meer; unser Verlangen nach Wasser, das uns verbindet mit allen Küsten dieser Erde: unser Heimweh nach der Fremde – (1946)

[10]

Die Texte sind den Gesammelten Werken in zeitlicher Folge, Band I–VI, © Suhrkamp Verlag Frankfurt am Main 1976, entnommen:

[1] Aus: Die Schweiz als Heimat? Rede zur Verleihung des Großen Schillerpreises. In Zürich. 1974. Band VI, S. 510, S. 511, S. 514, S. 515

[2] Aus: Stiller. Roman. 1954. Band III, S. 429

[3] Aus: Tagebuch 1966–1971. Band VI, S. 137

[4] Aus: Tagebuch 1946–1949. Band II, S. 576

[5] Aus: Die Schweiz als Heimat? Rede zur Verleihung des Großen Schillerpreises. In Zürich. 1974. Band VI, S. 513

[6] Aus: Die Schweiz als Heimat? Rede zur Verleihung des Großen Schillerpreises. In Zürich. 1974. Band VI, S. 514

[7] Aus: Dienstbüchlein. 1973. Band VI, S. 559

[8] Aus: Tagebuch 1966–1971. Band VI, S. 195

[9] Aus: Tagebuch 1966–1971. Band VI, S. 347 f.

[10] Aus: Tagebuch 1946–1949. Band II, S. 364